Date: 11/01/18

SP BR 599.25 MUR
Murray, Julie,
Crías de koalas /

PALM BEACH COUNTY
LIBRARY SYSTEM
3650 SUMMIT BLVD.
WEST PALM BEACH, FL 33406

Crías de koalas

Julie Murray

abdopublishing.com

Published by Abdo Kids, a division of ABDO, PO Box 398166, Minneapolis, Minnesota 55439. Copyright © 2018 by Abdo Consulting Group, Inc. International copyrights reserved in all countries. No part of this book may be reproduced in any form without written permission from the publisher.

Printed in the United States of America, North Mankato, Minnesota.

102017
012018

Spanish Translator: Maria Puchol

Photo Credits: iStock, Minden Pictures, National Geographic Creative, Shutterstock

Production Contributors: Teddy Borth, Jennie Forsberg, Grace Hansen

Design Contributors: Christina Doffing, Candice Keimig, Dorothy Toth

Publisher's Cataloging in Publication Data

Names: Murray, Julie, author.
Title: Crías de koalas / by Julie Murray.
Other titles: Koala Joeys. Spanish
Description: Minneapolis, Minnesota : Abdo Kids, 2018. | Series: Crías de animales | Includes online resources and index.
Identifiers: LCCN 2017945851 | ISBN 9781532106170 (lib.bdg.) | ISBN 9781532107276 (ebook)
Subjects: LCSH: Koala--Juvenile literature. | Animals--Infancy--Juvenile literature. | Marsupials--Behavior--Juvenile literature. | Spanish language materials--Juvenile literature.
Classification: DDC 599.2--dc23
LC record available at https://lccn.loc.gov/2017945851

Contenido

Crías de koalas 4

¡Mira cómo crece una cría de koala! 22

Glosario 23

Índice 24

Código Abdo Kids . . .24

Crías de koalas

Un koala recién nacido es una cría.

Las crías de koalas son diminutas al nacer. Son del tamaño de una gominola.

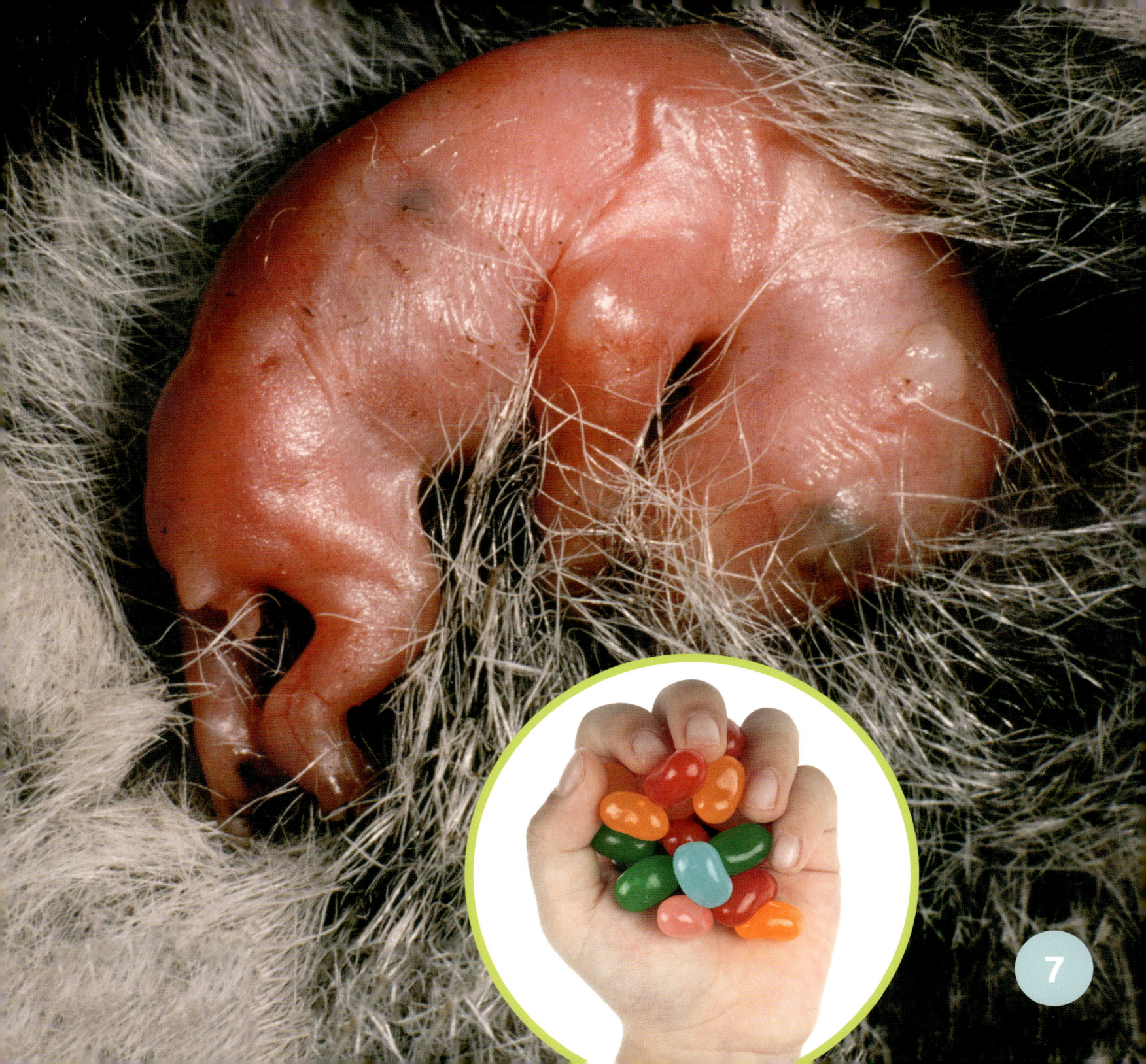

Son de color rosa y no tienen pelo. No pueden ver ni oler.

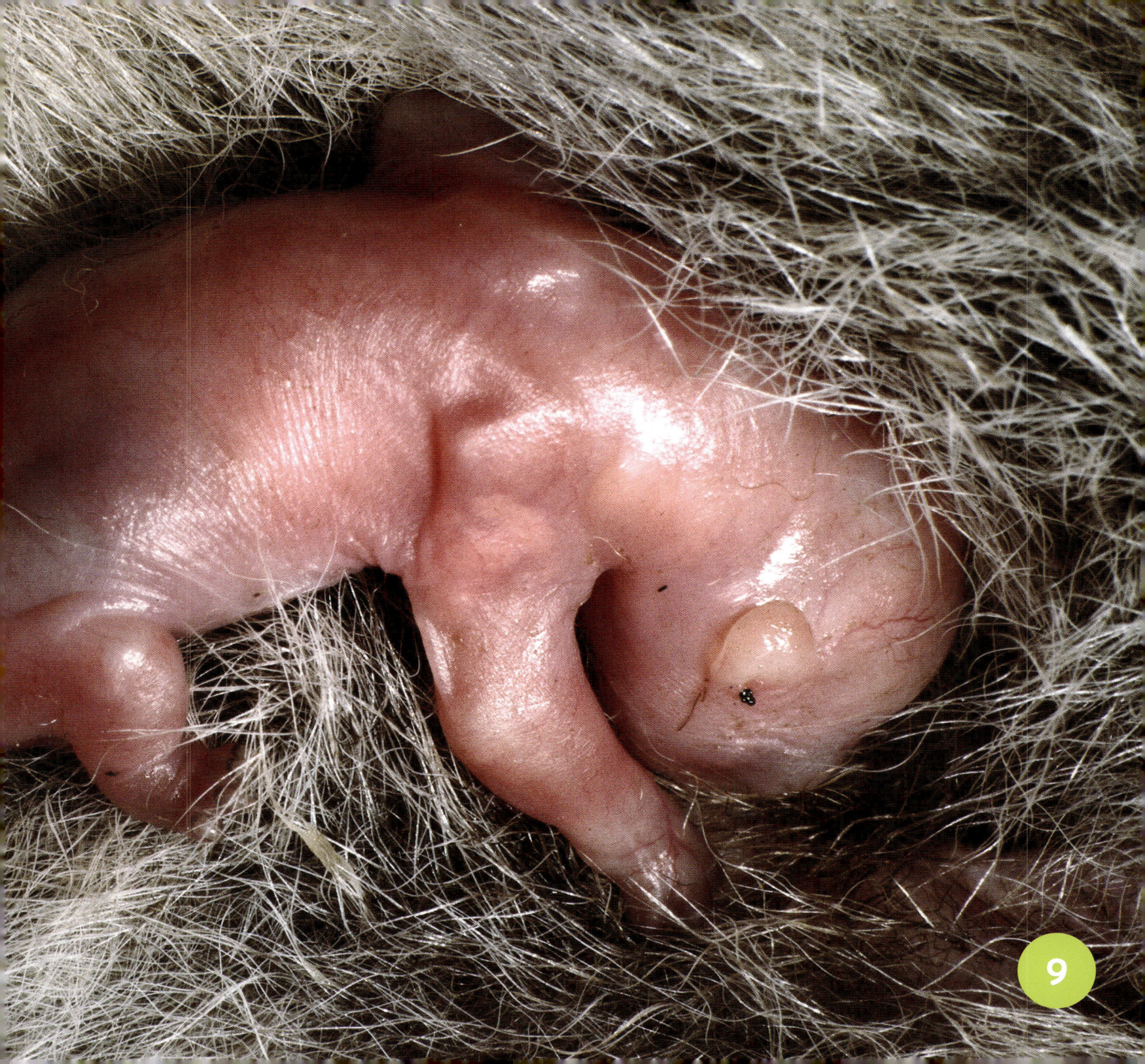

La cría está segura en el **marsupio** de su mamá. Permanece ahí durante los primeros seis meses.

La cría de koala se alimenta de leche materna para crecer.

Cuando sale del **marsupio** se monta en la espalda de su mamá.

Entonces le crece un **denso** pelaje de color café o gris. Este pelo mantiene a las crías secas.

17

Las crías de koalas tienen uñas largas. Les sirven para trepar por los árboles.

Estas crías comen hojas.

¡Las hojas de eucalipto son sus favoritas!

¡Mira cómo crece una cría de koala!

Recién nacido

7 meses

2 años

3 años

Glosario

denso
gran cantidad de algo muy compacto.

marsupio
bolsa en la zona estomacal de algunos animales, donde cargan a sus crías.

Índice

alimento 12, 20

árbol 18

color 8, 16

mamá 10, 12, 14

marsupio 10, 14

pelo 8, 16

tamaño 6

uñas 18

¡Visita nuestra página abdokids.com y usa este código para tener acceso a juegos, manualidades, videos y mucho más!

Código Abdo Kids: BKK0048